AF224610

RÉFLEXIONS

SUR LE RAPPORT

DE M. CARNOT,

A LA CHAMBRE DES PAIRS,

ou

RÉPONSE

AUX DIVERS REPROCHES

ADRESSÉS AU GOUVERNEMENT ROYAL.

Par M. MÉJAN, Avocat.

❖

A PARIS,

Chez { PATRIS, Impr.-Lib., rue de la Colombe, n° 4, en la Cité.
Tous les Marchands de Nouveautés.

Juin 1815.

RÉFLEXIONS

SUR LE RAPPORT

DE M. CARNOT,

A LA CHAMBRE DES PAIRS,

ET A CELLE DES REPRÉSENTANS

OU

RÉPONSE

AUX DIVERS REPROCHES

ADRESSÉS AU GOUVERNEMENT ROYAL.

Il est si difficile de justifier l'étrange révolution du 20 mars, que les hommes qui l'ont préparée et qui en ont recueilli les fruits, emploient contre Louis XVIII les mêmes moyens dont on fit usage contre son malheureux frère, c'est-à-dire le mensonge et la calomnie.

Le lendemain du 14 juillet 1789, on publia une *conspiration du roi* pour réduire Paris en cendres.

Le lendemain du 6 octobre, on publia une *conspiration du roi* pour aller dans Metz donner le signal de la guerre civile.

Le lendemain du 11 avril, on publia une *conspiration du roi* pour aller de Saint-Cloud au-devant d'une armée autrichienne que Léopold lui envoyait.

Le lendemain du 10 août, il fallait bien que le roi eût formé quelque nouvelle *conspiration*. On publia *que ce n'était pas la nation qui avait assiégé le château, mais que c'était le château qui avait assiégé la nation* (1).

Il n'y avait pas un mot, pas un seul mot qui fût vrai dans tout ce qu'on disait alors ; et cependant ce prince, doué du toutes les vertus publiques et particulières ; ce prince dont la probité était tellement consacrée, que c'était un axiome que *le roi était le plus honnête homme de son royaume ;* ce prince dont le règne avait été marqué par un grand nombre de bienfaits, et par des bienfaits tous caractéristiques de son amour pour le peuple ; ce prince qui avait fait de lui-même tant de sa-

______

(1) Séance du 12 août 1792 ; *Moniteur* du 14.

crifices de son autorité à l'établissement de la liberté publique, fut impitoyablement assassiné.

A peine Louis XVIII a-t-il été forcé de quitter la France, que ses ennemis se sont attachés à le dégrader aussi dans l'opinion publique.

Des écrivains soudoyés ont entassé contre lui, dans des libelles dégoûtants, les fables les plus absurdes.

Le conseil d'état a suivi le même plan dans ses *déclarations* du 25 mars et du 2 avril.

Et M. Carnot vient d'imiter à son tour ce bel exemple.

Il appartient peut-être à un homme qui ne fut ni *noble* ni *émigré*, et qui n'exerça aucune fonction publique ni sous le règne de Louis XVI ni pendant la *restauration*, mais qui a été le témoin des vertus et des bienfaits de Louis XVIII, de se placer au rang de ses défenseurs ; et toutes les affections de mon âme, en saisissant avec transport cette pensée, ne m'ont pas laissé le temps de mesurer mes forces. Je resterai sans doute fort loin de la perfection qu'exige une tâche aussi noble ; mais j'aurai du moins la gloire de l'avoir entreprise, et d'avoir contribué, dans la faible mesure de mes moyens, au triomphe de la justice et de la vérité.

S'il faut en croire M. Carnot et les hommes dont il a emprunté le langage, *les Bourbons avaient constamment violé leurs promesses ; ils favorisèrent les prétentions de la noblesse fidèle ; ils ébranlèrent les ventes des biens nationaux ; ils plongèrent la nation dans les turpitudes du régime monastique et féodal ; ils menacèrent toutes les existences nouvelles ; ils déclarèrent la guerre à toutes les opinions libérales ; ils enlevèrent à l'armée, aux braves, leur solde, leurs grades et leurs honneurs, pour les donner à des émigrés ; ils voulurent enfin régner et opprimer le peuple par l'émigration.*

Tous ces reproches sont autant d'impostures, et je n'aurai pas besoin de faire de grands efforts pour le démontrer. Mais commençons par repousser trois assertions qu'on trouve particulièrement dans le *Rapport* de M. Carnot.

La première consiste à dire que *les Bourbons furent imposés à la France par l'étranger.*

Je n'aurais rien à répondre, si les souverains alliés, exerçant les droits que leur donnait là victoire et suivant l'exemple qu'ils avaient reçu de Napoléon en Espagne , en Hollande, à Naples et en Westphalie, avaient signalé leur entrée dans la capitale par une injonction formelle aux Français, de se soumettre aux Bourbons. Mais personne n'ignore que les cris mille fois répétés de *Vive le Roi!* *Vive Louis XVIII* ! retentirent dans toutes les rues , et que ce ne fut qu'après les avoir entendus, qu'ALEXANDRE fit afficher cette *Déclaration* dont les premiers mots , *Les souverains alliés accueillent le vœu de la France,* suffiraient pour éloigner toute idée de contrainte (1).

Il n'est donc pas vrai de dire que le Gouvernement Royal fut imposé à la France par l'Etranger. Tout ce qui se passa dans la journée du 31 mars prouve le contraire, et M. Carnot lui-même en avait fait précédemment l'aveu , puisqu'il dit dans le *Mémoire* qu'il adressa au Roi l'année dernière , que *l'arrivée des Bourbons avait excité un enthousiasme universel ; qu'on les avait accueillis*

____

(1) Voyez le *Moniteur* du 1.er avril 1814.

avec une effusion de cœur inexprimable ; qu'il n'y avait personne qui ne fût réelle- ment dans l'ivresse.

Certes , si les Bourbons nous avaient été *imposés* , l'amour-propre national en aurait été irrité ; et leur présence , loin d'exciter cet *enthousiasme* , cette *effusion de cœur* , cette *ivresse* , dont M. Carnot traçait alors un tableau si fidèle , aurait infailliblement provoqué des mouvements d'insurrection , semblables à ceux qui ont éclaté sur divers points du royaume depuis la révolution du 20 mars. Or , il est constant que jamais la France n'avait été plus heureuse et plus tran- quille.

Ce n'est pas que je ne sois disposé à croire que le rétablissement de cette famille sur le trône, n'eût contrarié certains personnages, et par exemple ceux qui , dans le procès mémorable du meilleur des rois , avaient attaché à leurs noms une honte ineffaçable. Mais ce petit nom- bre d'hommes ne constitue pas la Nation, et ils lui avaient *imposé* assez long-temps des gou- vernements de leur choix , pour qu'il fût enfin juste qu'elle se donnât celui sous lequel elle voulait vivre.

M. Carnot signale ensuite le règne de

Louis XVIII, comme *un gouvernement qui semblait n'être installé que pour exercer des vengeances.*

Où sont donc les victimes qu'il a sacrifiées à ses ressentiments? Quoi! en éloignant de la Chambre des pairs et des tribunaux les meurtriers de son frère, *il leur a conservé le traitement dont ils jouissaient!...* Quoi! au fort d'une crise qui justifiait toutes les précautions ombrageuses, qui autorisait toutes les mesures extraordinaires, il n'a attenté à la liberté d'aucun des hommes dont il connaissait les manœuvres criminelles; il a épargné la vie de ceux qui l'avaient trahi de la manière la plus infâme!.. Quoi! vous n'avez perdu, vous, M. Carnot, ni vos grades, ni vos honneurs, quoique vous eussiez aggravé vos torts envers lui par un écrit séditieux; et vous parlez de ses vengeances!... Ah! ce n'est pas seulement trahir la vérité, c'est encore afficher la plus noire ingratitude.

Vainement diriez-vous, comme vous l'aviez déjà avancé dans votre *Mémoire*, qu'il avait l'arrière-pensée de se venger plus tard : il est des suppositions si dénuées de vraisemblance, qu'elles s'anéantissent d'elles-mêmes, et que les insinuations les plus adroites, les inductions les plus recherchées, ne sauraient y donner la moindre consistance. On se demande, avec étonnement, en lisant cette bizarre assertion, comment le roi, qui avait manifesté sa clémence, à la face de la Nation et de l'Europe entière, dans un moment où l'enthousiasmo qu'excitait son retour, et la présence des armées étrangères lui permettaient de tout entreprendre, aurait formé le plan d'exécuter plus tard ce qu'il lui aurait été si facile de faire à l'instant même de son arrivée. On se demande comment ce projet perfide de vengeance se concilierait avec le caractère de franchise et de bonté, dont se trouvent revêtus tous les actes de son règne. Ah! si l'on pouvait communiquer avec la pensée des hommes, si l'on pouvait interroger leur conscience, je m'en rapporterais, sans hésiter, à l'opinion intime de ceux qui, les premiers, ont répandu ces bruits, propagé ces soupçons; et par conséquent à celle de M. Carnot lui-même.

Mais ce n'est pas tout, et voici encore une preuve incontestable de la sincérité des intentions du roi, lorsqu'il avait promis *l'oubli du passé*. Je la puise dans la composition du monument expiatoire qu'on allait élever sur la Place Louis XV, aux mânes du roi martyr. On se rappèle, en effet, que sur un des côtés du piedestal, devait être placé le buste de la reine, dans un médaillon ayant pour exergue ces paroles si dignes de l'épouse de Louis XVI, après les horribles journées des 5 et 6 octobre : *j'ai tout su, tout vu et tout oublié*; et que, sur l'autre côté, devait être gravé le testament de Louis XVI, où l'on aurait lu en plus gros caractères cette ligne évangélique :

JE PARDONNE DE TOUT MON COEUR A CEUX QUI SE SONT FAITS MES ENNEMIS (1).

N'était-ce pas consacrer de la manière la plus solennelle l'origine et la confirmation de l'article de la charte, qui mettait les coupables à l'abri de toutes recherches? N'était-ce pas s'interdire la faculté *d'exercer jamais aucune vengeance?* N'était-ce pas donner la plus forte de toutes les garanties à ceux qui auraient pu d'abord éprouver quelques inquiétudes?

J'entends déjà mes adversaires m'objecter que la destitution des membres de la convention nationale, qui avaient voté la mort de Louis XVI, était elle-même une *peine*.

Mais, outre que tout gouvernement a le droit de n'appeler aux diverses places, que les

---

(1) Voyez le *Moniteur* du 20 janvier 1815.

hommes en qui il a confiance; outre qu'il se-
rait trop absurde d'exiger qu'un souverain fût
tenu de confirmer tous les choix faits par le
souverain auquel il succède, quand un simple
préfet peut renouveler, à son gré, les bureaux
qu'avait formés son prédécesseur; outre que
l'opinion publique s'élevait depuis long-temps
contre les artisans de tous nos maux; dans
quelle horrible situation aurait-on placé le
cœur du roi, s'il avait été forcé d'accorder ses
faveurs aux bourreaux de son frère? Il n'aurait pu le faire sans blesser toutes les conve-
vances, et j'en appèle, à cet égard, non pas
à eux-mêmes, car ils ne sont pas libres d'être
justes, mais à tous les hommes qui savent ap-
précier les droits du sang. Ah! changez donc
notre nature, détruisez au fond des cœurs tous
les sentiments dont l'humanité s'honore; et
après avoir fait cette révolution dans les idées
morales, il faudra encore déchirer le Code
même qui nous régit, puisque l'article 727,
déclarant indigne de succéder *l'héritier ma-*
jeur qui instruit du meurtre du défunt, ne l'au-
ra pas dénoncé à la justice, fait une loi expresse des sentiments dont vous condamnez
aujourd'hui l'expression.

Examinons maintenant, s'il est vrai, comme

l'avance aussi M. Carnot, que *l'enthousiasme
qui a servi d'escorte à Napoléon, des bords de
la Méditerrannée jusqu'à la capitale, et l'a-
bandon singulier dans lequel s'est vu tomber
tout à coup la dynastie qui venait d'apparaître
un instant sur le trône, montrent assez de quel
côté était le vœu national ?*

D'abord, rien n'est plus faux que l'enthousiasme dont parle M. Carnot. Le retour de Napoléon combla sans doute les vœux de quelques hommes qui voulaient la guerre parce
qu'elle était pour eux un moyen de fortune ;
d'un grand nombre de braves, encore électrisés
par le souvenir de se svictoires, d'une poignée
d'intrigants, irrités de ne plus jouer sur la scène
politique le rôle qu'ils avaient usurpé depuis
vingt-cinq ans ; et enfin de quelques villageois,
dont on avait égaré la raison en leur inspirant
les craintes les plus chimériques. Mais l'immense majorité de la nation fut glacée de ter-
reur aussitôt qu'elle apprit qu'il venait de rom-
pre son ban, et le plus morne silence aurait
régné dans toute la capitale, le jour de son
arrivée, si l'on n'avait pris soin d'attirer sur
son passage et sous les croisées du château,
cette vile populace qui est toujours aux ordres
de ceux qui la payent, ces bandits qu'il n'a-

vait appelés à son secours depuis Cannes jusqu'ici, que parce qu'il était bien certain que la saine partie du peuple ne se prononcerait jamais en sa faveur.

Ensuite, comment M. Carnot ose-t-il dire que *les Bourbons se virent tomber tout-à-coup dans un abandon singulier*, lui qui, n'ayant pas quitté Paris, ne peut pas ignorer qu'au premier bruit du danger qui menaçait le Roi, plus de 30,000 citoyens de toutes les classes s'enrôlèrent *volontairement* pour une défense qui n'aurait peut-être pas été sans succès si l'on avait eu le temps d'utiliser leur zèle ; lui qui doit être instruit que, dans la matinée du 20 mars, c'est-à-dire *quelques heures avant l'arrivée de Napoléon*, un général qui traversa les Tuileries avec une cocarde aux trois couleurs, fut exposé à toutes les insultes d'une foule immense navrée de douleur du départ de son Roi, et ne dut son salut qu'au zèle de la garde nationale ; lui enfin qui, en sa qualité de *ministre de l'intérieur*, sait aussi mieux que personne ce qui s'est passé dans le midi pendant que le duc et la duchesse d'Angoulème y étaient ?... Certes, tous ces faits prouvent, au contraire, que la famille des Bourbons a un très-grand nombre de partisans, et qu'elle aurait conservé sa puissance si l'armée, séduite par quelques traîtres, n'avait pas secondé l'homme funeste qui, après l'avoir sacrifiée, vient de l'abandonner lâchement, comme il l'avait déjà fait en Egypte, en Espagne, à Moscow et à Leypsick.

Ici se termine la réponse aux trois assertions de M. Carnot, et je m'abuse étrangement, ou elle est sans réplique. Peu de mots suffiront pour réfuter les autres.

PREMIER REPROCHE.

Les Bourbons favorisèrent les prétentions de la noblesse fidèle.

Il suffirait sans doute, pour prouver le contraire, de rappeler l'article de la charte qui conservait la nouvelle noblesse ; car les prétentions de ce qu'on appèle la *noblesse fidèle*, étaient inconciliables avec l'existence de la noblesse créée par Napoléon ; mais si l'on veut jeter les yeux sur la liste des pairs nommés par le Roi, on se convaincra qu'il y a beaucoup plus de nouveaux nobles que d'anciens, et par conséquent que l'imputation est d'une insigne fausseté.

DEUXIÈME REPROCHE.

Ils ébranlèrent les ventes des biens nationaux.

Nous trouvons encore dans la charte une disposition qui consacre de la manière la plus expresse l'immuabilité de ces ventes ; et tant qu'on ne citera pas un seul acte émané du Roi, qui ait violé cette disposition, nous crierons encore à l'imposture. Or, nous portons à MM. du conseil d'état, ainsi qu'à M. Carnot, le défi formel d'en produire aucun ; et nous leur opposons d'ailleurs le projet qu'il avait formé d'accorder une indemnité à ceux des anciens propriétaires dont *tous les biens avaient été vendus ;* car leur assurer des moyens honorables d'existence, c'était anéantir les prétentions qu'ils auraient pu élever, c'était donner aux acquéreurs la meilleure de toutes les garanties.

TROISIÉME REPROCHE.

Ils déclarèrent la guerre à toutes les opinions libérales.

Qu'on daigne lire avec attention la charte, et qu'on nous dise, si elle n'en offre pas, au contraire, la réunion la plus complète. D'un autre côté, il n'est personne qui ne sente que si le Roi avait voulu *déclarer la guerre à toutes les opinions libérales*, il l'aurait déclarée aussi à tous ceux qui s'en étaient constitués les apôtres. Or, la composition de la chambre des pairs prouve, non seulement qu'ils y étaient *en majorité*, mais encore qu'on y avait admis des hommes qui s'étaient fait connaître aux époques les plus désastreuses de la révolution, par des opinions PLUS QUE LIBÉRALES.

QUATRIÈME REPROCHE..

Ils replongèrent la nation dans les turpitudes du régime monastique et féodal.

Habitants des campagnes! je conçois que ceux d'entre vous qui n'ont pas observé tous les actes du gouvernement royal, et qui ne

soupçonnaient pas la perversité de ses ennemis, ont dû laisser éclater leur mécontente-
ment; mais si le jour même où cette imputation a été articulée devant vous avec un ton
qui ne vous permettait pas le doute, quelque
ami de la vérité vous eût prouvé que c'était
une imposture, n'est-ce pas que votre indi-
gnation se fût détournée du Roi, que vous en
eussiez accablé ceux qui voulaient vous trom-
per pour le perdre?

Eh bien! ce qu'on vous a dit à cet égard est
de la plus insigne fausseté; car il n'y a pas
un seul ordre religieux, pas un seul droit
féodal qui ait été rétabli. Peut-être quelques
prêtres, quelques émigrés ont-ils exprimé des
vœux contraires à l'esprit de la charte; mais
est-il juste d'en rendre le Roi responsable, s'il
n'a rien fait pour favoriser ces vœux? et n'a-
vez-vous pas été menacés, tout récemment,
d'un danger bien plus grand, bien plus pro-
chain, quand Napoléon et quelques-uns des
hommes qui l'entouraient, ont exhumé les
mesures arbitraires, les lois de sang de ces
temps déplorables où tout était dévoué au
supplice, excepté le crime; où tout était
crime, excepté le crime lui-même.

CINQUIÈM REPROCHE.

Ils enlevèrent à l'armée, aux braves, leur solde, leurs grades et leurs honneurs, pour les donner à des émigrés, à des chefs de révolte ; ils voulurent enfin régner et opprimer le peuple par l'émigration.

Lorsque Louis XVIII remonta sur son trône, l'état de paix et la situation déplorable des finances ne permettaient pas de conserver une masse de généraux et d'officiers dont le nombre exigeait une armée de douze cent mille hommes. Il fallut donc en réduire beaucoup à la demi-solde, parce que la France, dépouillée de ses vastes conquêtes, ne pouvait pas continuer les sacrifices qu'elle avait faits avant de les avoir perdues. Mais aucun militaire ne perdit ni ses grades ni ses honneurs, et j'en appèle sur ce point à leur propre témoignage. Le Roi fit même pour plusieurs beaucoup plus que n'a fait Napoléon depuis son retour ; car ceux qui avaient obtenu des grades supérieurs, soit en Italie, soit en Espagne, soit à Naples, soit en Westphalie, y furent maintenus, tandis que l'usurpateur les leur a contestés et

s'est réservé le droit de vérifier s'ils en étaient
digues.

Mais, ajoute-t-on, *il a placé des émigrés
dans l'armée.* — Eh! oui, sans doute, quelques-uns ont obtenu de l'emploi; mais ne
sont-ce pas des Français? n'avaient-ils pas des
droits à la bienveillance du prince, eux qui
avaient tout perdu *à cause de leur dévoûment
à sa personne?* et puisque son respect religieux pour la charte ne lui laissait pas la faculté de leur rendre les biens dont ils avaient
été si injustement dépouillés, n'était-il pas
juste qu'il leur procurât des moyens d'existence, quand les meurtriers de son frère, dont
quelques-uns déjà trop riches (et l'on sait à
quel prix)! conservaient le traitement des places
dans lesquelles la pudeur publique n'avait pas
permis de les maintenir? Ah! si les méchants,
si les hommes qui avaient ravagé notre mal-
heureuse patrie, jouissaient d'une opulence
si peu méritée, il fallait bien que ceux qui
avaient tant souffert pour la plus juste des cau-
ses, ne fussent pas condamnés à vivre éternel-
lement dans les privations et le malheur.

Parlerons-nous d'un reproche plus particulièrement dirigé par M. Carnot contre M. le

comte d'Artois? Oui , car il ne faut rien laisser sans réponse.

Ce reproche est fondé sur ce que Monsieur , en sa qualité de lieutenant-général du royaume, céda aux alliés , par le traité du 23 avril 1814, toutes les places et forts occupés par les troupes françaises au-delà des limites de l'ancienne France.

Ne dirait-on pas, à entendre M. Carnot, qu'on pouvait éviter un si grand sacrifice ? La vérité est cependant que l'invasion de la France le rendait inévitable, et qu'il y a d'autant plus de mauvaise foi à en faire un crime à ce prince, que M. Carnot ne peut pas ignorer que les souverains alliés, lorsqu'ils négociaient à Châtillon-sur-Seine, avec Napoléon, exigeaient non seulement la remise de ces places, *mais encore celle de nos principales forteresses, à titre de garantie.*

Français ! il est temps d'être vrai : c'est ici la lutte d'une minorité turbulente et coupable, contre une immense majorité ; c'est ici la lutte d'une poignée de factieux contre vos intérêts les plus chers et contre une famille auguste qui est l'objet de leur haine. Coupables de l'assassinat de Louis XVI, ils voudraient vous faire partager l'effrayante responsabilité qui pèse sur leurs têtes ; et voilà pourquoi ils demandent à grands cris la proscription de ses frères. Sanctionnerez-vous cette assertion mensongère des membres du conseil d'Etat, dans leur *déclaration* du 25 mars dernier : *La résistance des Bourbons aux vœux du peuple amena leur chute ?....* Consacrerez-vous le plus révoltant de tous les forfaits ? consentirez-vous, en un mot, à en devenir les complices ? C'est de votre honneur qu'il s'agit en ce moment ; l'Europe vous écoute..... prononcez !....

Et vous, lâches calomniateurs des Bourbons ! j'ai répondu à tout ce que vous avez allégué contre eux. J'ignore si la nation française sera condamnée à voir consolider la dynastie qui a attiré sur elle tous les fléaux ; mais ce que je sais bien, c'est que les souvenirs honorables que l'autorité paternelle de Louis XVIII a laissés au milieu de nous, ne s'éteindront qu'avec la génération qui a eu le bonheur de vivre sous ses lois.

De l'Imprimerie de C.-F. PATRIS, rue de la Colombe, n° 4, en la Cité.